W9-BDF-689

Sarah Bednarz

Catherine Clinton

Michael Hartoonian

Arthur Hernandez

Patricia L. Marshall

Mary Patricia Nickell

NOSOTROS, EL·PUEBLO

Trabajemos juntos

HOUGHTON MIFFLIN · Boston

Atlanta · Dallas · Geneva, Illinois · Palo Alto · Princeton

AUTHORS

Sarah Bednarz
Assistant Professor
Texas A&M University
College Station, TX

Arthur Hernandez
Associate Professor
Division of Education
College of Social and Behavioral Sciences
University of Texas at San Antonio
San Antonio, TX

Catherine Clinton
W.E.B. Du Bois Institute Fellow
Harvard University
Cambridge, MA

Patricia L. Marshall
Assistant Professor
Department of Curriculum and Instruction
College of Education and Psychology
North Carolina State University
Raleigh, NC

Michael Hartoonian
Professor and Director
Carey Center
Hamline University
St. Paul, MN

Pat Nickell
Director
High School Curriculum and Instruction
Fayette County Schools
Lexington, KY

Susan Buckley General Editor

CONSULTANTS

Felix D. Almárez, Jr.
Department of History
University of Texas
San Antonio, TX

Manley A. Begay, Jr.
John F. Kennedy School of
Government
Harvard University
Cambridge, MA

William Brinner
University of California
Berkeley, CA

Phap Dam
Director of World Languages
Dallas Independent School District
Dallas, TX

Philip J. Deloria
Department of History
University of Colorado
Boulder, CO

Jorge I. Domínguez
The Center for International Affairs
Harvard University
Cambridge, MA

Kenneth Hamilton
Department of History
Southern Methodist University
Dallas, TX

Charles Haynes
Freedom Forum First Amendment
Center
Vanderbilt University
Nashville, TN

Shabbir Mansuri
Director
Council on Islamic Education
Fountain Valley, CA

Roberta Martin
East Asian Institute
Columbia University
New York, NY

David Northrup
Department of History
Boston College
Newton, MA

Acharya Palaniswami
Editor
Hinduism Today
Kapaa, HI

Linda Reed
Department of History
Princeton University
Princeton, NJ

Dahia Ibo Shabaka
Director of Social Studies
Detroit Public Schools
Detroit, MI, NY

Ken Tanaka
Institute of Buddhist Studies
Graduate Theological Union
Berkeley, CA

Ling-chi Wang
Department of Asian American
Studies
University of California
Berkeley, CA

TEACHER REVIEWERS

Kindergarten/Grade 1: **Wayne Gable**, Langford Elementary, Austin Independent School District, TX • **Donna LaRoche**, Winn Brook School, Belmont Public Schools, MA • **Gerri Morris**, Hanley Elementary School, Memphis City Schools, TE • **Eddi Porter**, College Hill Elementary, Wichita School District, KA • **Jackie Day Rogers**, Emerson Elementary, Houston Independent School District, TX • **Debra Rubin**, John Moffat Elementary, Philadelphia School District, PA

Grade 2: **Rebecca Kenney**, Lowery Elementary School, Cypress-Fairbanks School District, TX • **Debbie Kresner**, Park Road Elementary, Pittsford Central School District, NY • **Karen Poehlein**, Curriculum Coordinator, Buncomb County School District, NC

Grade 3: **Bessie Coffer**, RISD Academy, Richardson School District, TX • **Shirley Frank**, Instructional Specialist, Winston-Salem/Forsyth County Schools, NC • **Elaine Mattson**, Aloha Park Elementary, Beaverton School District, OR • **Carmen Sanchez**, Greenbrier Elementary, School District, TX • **Irma Torres**, Galindo Elementary School, Austin Independent School District, TX

Acknowledgments appear on page 190.

Copyright © 1997 by Houghton Mifflin Company. All rights reserved.

No part of this work may be reproduced or transmitted in any form or by any means electronic or mechanical, including photocopying and recording, or by any information storage or retrieval system without the prior written permission of the copyright owner, unless such copying is expressly permitted by federal copyright law. With the exception of nonprofit transcription in Braille, Houghton Mifflin is not authorized to grant permission for further uses of copyrighted selections reprinted in this text without the permission of their owners as identified herein. Address requests for permission to make copies of Houghton Mifflin material to School Permissions, Houghton Mifflin Company, 222 Berkeley Street, Boston, MA 02116.

Printed in the U.S.A. ISBN: 0-395-81510-X

123456789-VH-02 01 00 99 98 97 96

CONTENIDO

TEMA 1 Construimos comunidades

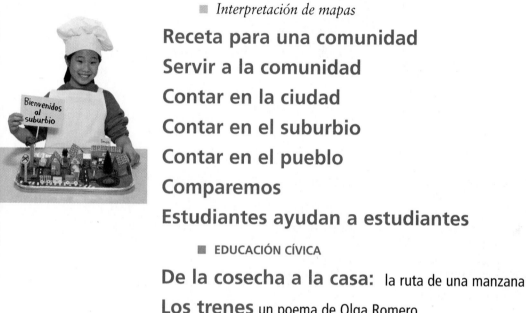

TEMA 2 Satisfacemos nuestras necesidades

TEMA 3 Aprendemos nuestras reglas y leyes

TEMA 4: Estudiamos cambios en la comunidad

Mapas y secciones especiales

NOSOTROS
EL·PUEBLO

Voces americanas

*T*rabajamos juntos en nuestros
hogares, nuestras escuelas,
nuestros vecindarios y en
nuestros juegos.

$\mathcal{V}$ivimos juntos en comunidades—
pueblos pequeños, grandes
ciudades y campos abiertos.
¡Compartimos un país precioso!

*S*omos una nación, una comunidad—de muchas culturas, muchas edades. Nos importan nuestras familias, nuestros amigos, nuestro país, nuestro mundo.

Juntos exploramos
cambios en nuestras
comunidades, para
hoy y todos los días
del mañana.

"Este país es
tu país,
este país es
mi país . . ."

Somos el

espíritu de América!

Construimos

comunidades

Construimos comunidades

Contenido

Septiembre

un poema de Olga Romero

El bosque se viste
de muchos colores.
Se oye el saltamontes
por entre las flores.

El sol sale tarde,
la luna, temprano.
Ya llegó septiembre.
Se acabó el verano.

Bienvenidos a nuestra comunidad

Una **comunidad** es un lugar donde las personas viven y trabajan juntas. Una comunidad se compone de diferentes vecindarios. Todos los habitantes de la comunidad siguen las mismas reglas. La gente en esta comunidad está celebrando una fiesta en su vecindario.

Adivina quién soy

Con un compañero, mira a toda la gente que está en el dibujo de la comunidad de las páginas 4 y 5. ¿Qué te gustaría ser? ¿Policía? ¿Conductor de autobús?

Así se hace

- Escoge a alguien en la ilustración. No le digas a tu compañero a quién escogiste.

- Representa la persona. Usa una o dos acciones simples.

- Pídele a tu compañero que adivine quién eres.

Planea una fiesta

Imagina que hay nuevos estudiantes en tu clase. Planea una fiesta para que conozcan la comunidad de tu escuela.

Así se hace

- **Con un compañero, haz un cartel de la fiesta que podrías tener. ¿Qué vas a mostrar en él?**

- **Escribe tus ideas en un papel.**

- **Haz un dibujo.**

- **Copia tu dibujo en una hoja grande de papel. Añade detalles.**

¡Busca la ruta!

COMIENZO

Primera Calle

Calle Main

Calle Post

Calle Elm

N
O   E
S

Clave del mapa

estación de bomberos	
apartamento	
oficina de correos	
parque	
tienda	
casa	
escuela	

¡Ayúdenme! Necesito llevar esta comida desde la tienda hasta la fiesta del vecindario. Puedo seguir la línea de puntos del mapa. Éstas son las instrucciones:

- Ir hacia el sur por la calle Post hasta la oficina de correos.
- Ir hacia el este por la calle Main hasta la calle Elm.
- Ir hacia el norte por la calle Elm hasta llegar a la fiesta.

¿Qué otras rutas pudiera seguir para llegar a la fiesta?

La **rosa de los vientos** muestra direcciones en el mapa. Las direcciones son Norte, Sur, Este y Oeste.

Una **clave del mapa** tiene símbolos para mostrar dónde están los lugares o edificios. La clave del mapa explica lo que esos símbolos significan.

Receta para una comunidad

Escuela

Supermercado

Ingredientes:

un grupo de personas

un puñado de vecindarios

una pila de reglas que las personas obedecen

una cucharada de ideas e intereses que compartir con
otras personas

un montón de maneras diferentes de ir de un lugar a otro

8

Instrucciones:

Junta todos los ingredientes.

Coloca a la gente en un pedazo de tierra.

Invítalos a que trabajen y jueguen juntos.

¡Comparte tu comunidad con todos!

9

Servir a la comunidad

Ciudad

Miles de personas viven y trabajan en los vecindarios de la ciudad. Hay cientos de apartamentos y edificios de oficinas altos. En la **ciudad,** las personas pueden visitar tiendas, museos, teatros y parques. Muchos autobuses, autos y taxis hacen que las calles de la ciudad estén siempre llenas.

Estadio

Escuela

Suburbio

Un **suburbio** es una comunidad cerca de una ciudad. Un suburbio es generalmente más pequeño que una ciudad. Algunas personas que viven en un suburbio van en auto o toman un tren al trabajo en la ciudad. En un suburbio, muchas personas viven en casas con patios.

Pueblo pequeño

Un **pueblo** pequeño tiene menos gente y es más pequeño que una ciudad o que un suburbio. Muchos pueblos pequeños están en el campo. En algunos pueblos pequeños hay solamente una calle principal. Ahí están la mayoría de las tiendas y edificios importantes.

Contar en la ciudad

Por las calles de la ciudad;
con mi papá paseo.
Y cuento y cuento
las cosas que veo.

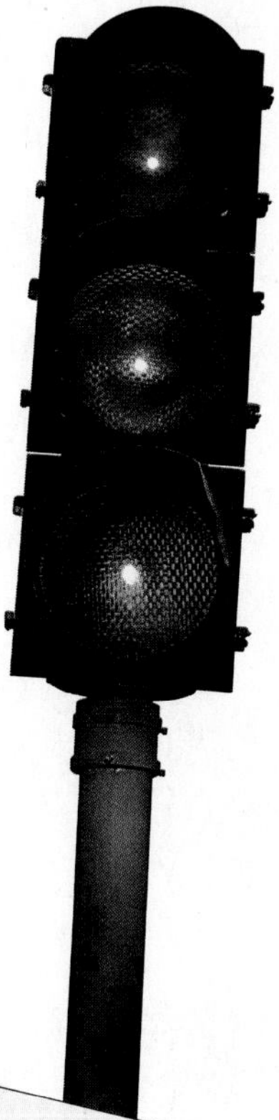

800
semáforos

un cielo lleno
de rascacielos

20
museos

192 parques

930
autobuses

palomas, palomas
y más palomas

12,594
bocas de incendios

221,144 autos

muchos perros

Contar en el suburbio

Tomé un tren al suburbio
y mientras pasaba
conté y escribí
estos números para ti.

3,265
farolas

17
autobuses escolares

2 estaciones de
bomberos

960
jardines de flores

1
cine

cientos
de cestos

2 bibliotecas

9,700
casas

Contar en el pueblo

Con mi familia en el auto paseando voy y vuelvo. Aquí está lo que conté al visitar este pueblo.

4 campos de béisbol

1 milón de árboles

28 señales de pare

1,830 casas

1 heladería

4 escuelas

1,530
buzones de correo

Contar en el salón de clase

Echa una mirada al salón de clase. Escoge varios objetos que te parezcan interesantes para contar. Trabaja en grupos pequeños para contarlos.

Joan
perchero
abrigos
botas

Chandra
loncheras
gorras de béisbol
botas de vaquero

Pablo
botas de lluvia
zapatos deportivo
botas de trabajo

Así se hace

- Decidan lo que cada uno contará.

- Marquen lo que cuenten en un cuadro.

- En su grupo, comparen las marcas.

- Pueden usar también cubos de apilar con números para mostrar sus totales. Comparen las pilas.

Collage de la comunidad

¿Qué palabras usarías para describir tu comunidad? ¿Qué ilustraciones dibujarías?

Así se hace

- Usa palabras e ilustraciones en un *collage* de tu comunidad. Pega fotografías y dibujos en un pedazo de cartulina.

- Escribe una descripción que acompañe a tu *collage*.

- Cuelga tu *collage* de la comunidad en el salón de clases para que todos lo vean.

Comparemos

En las comunidades hay personas, edificios, calles e incluso conejos. Fíjate en la gráfica. ¿En qué se parecen las ciudades, suburbios y pueblos? ¿En qué se diferencian?

personas

Ciudad

Suburbio

Pueblo

edificios

calles

conejos

Sonidos de la calle

En tu libro, fíjate en las ilustraciones de una ciudad, un suburbio y un pueblo. ¿Qué clases diferentes de sonidos podrías escuchar en cada lugar?

Así se hace

- **Trabaja con dos o tres compañeros para crear una "sinfonía de sonidos de la calle" para una ciudad, un suburbio o un pueblo.**

- **Dibuja algo que hace un ruido en la calle.**

- **Escribe en tu ilustración palabras que representen los sonidos que escuchas.**

- **Presenta tu sinfonía a un público.**

¡Crea una tarjeta postal!

Piensa en un viaje a una ciudad, un suburbio o un pueblo. ¿Cómo llegarías allí? ¿Qué verías? Crea una tarjeta postal sobre tu viaje.

Querida abuela,
Hoy paseamos alrededor de la ciudad en una lancha. Fue divertido. Después visitamos un museo de historia natural. Vi muchos dinosaurios. ¡Te extraño!
Te quiere,
Samuel

Así se hace

- **Haz un dibujo de tu viaje en el lado sin rayas de una tarjeta.**

- **Da la vuelta a la tarjeta. Traza una línea para dividir la tarjeta en dos partes.**

- **Escribe tu mensaje en el lado izquierdo.**

- **En el lado derecho, escribe el nombre y dirección de alguien a quien te gustaría mandarle tu tarjeta.**

Estudiantes ayudan a estudiantes

¿Qué harías si no tuvieras una escuela? Las escuelas son importantes para las comunidades. Lee abajo cómo los habitantes de varias comunidades de Maine trabajaron para ayudar a los estudiantes de la Escuela Central de Litchfield.

Las comunidades se ayudan

Cuando los 150 estudiantes despertaron el jueves, 3 de marzo de 1994, recibieron una triste noticia. Su escuela se había quemado totalmente.

Todos los proyectos que los estudiantes habían hecho ya no existían. No habían más escritorios, juegos ni libros. El incendio había destruido todo.

Volume 102   Lewiston, Maine   **Friday, March 4, 1994**   Journal established 1847   Sun established 1893   Sun-Journal

JACK DUGGINS photo

A fire of undetermined origin destroyed Litchfield Central School early Thursday morning. Fire officials were able to salvage a filing cabinet containing school records from the office, but books, furniture, school projects and items purchased by individual teachers with their own money were lost. An emergency town meeting will be held Saturday at 10 a.m. at Libby-Tozier School to discuss future plans, including where the roughly 150 students will attend classes for the remainder of this year.

Fire destroys Litchfield school

By KAREN MAYO
Special to the Sun-Journal
LITCHFIELD — More than 70 firefighters re-
_____ to an early-morning fire Thursday

the building.
"When I got there I knew there was no stopping it," he said. Labbe said his first concern was to save the portable classrooms on the north end of the building and a building that _____

cabinet from the school's office containing records. The contents of the fire-proof cabinet were unharmed, he said.
Two investigators from the state fire marshal's office sifted through the rubble Thursday and will return to the scene Friday morn-
_____ he said.

throughout the day.
Litchfield Central School was constructed in 1950, according to Principal Thomas Soule. The five-classroom school and two double-wide portable modular units, sitting on approximately four and a half acres, housed 150 of Litchfield's elementary students in kindergarten through grade two, he said.

Estudiantes ayudan a reconstruir la Escuela Central de Litchfield.

Pronto, habitantes de otras comunidades vinieron a ayudar. Se instalaron edificios portátiles en otra escuela. Los estudiantes de la Escuela Central de Litchfield volvieron a las clases.

Estaban agradecidos por la ayuda recibida.

Entra en acción

- Piensa en maneras de mejorar tu escuela.
- Haz una lista de todas las maneras de ayudar.
- Habla con otras personas que podrían ayudarte.

Sugerencias para ayudar

- Decide lo que vas a hacer.
- Divide el trabajo con tus compañeros de clase.

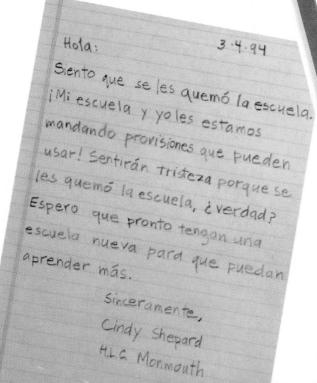

Hola: 3·4·94
Siento que se les quemó la escuela.
¡Mi escuela y yo les estamos
mandando provisiones que pueden
usar! Sentirán tristeza porque se
les quemó la escuela, ¿verdad?
Espero que pronto tengan una
escuela nueva para que puedan
aprender más.

            Sinceramente,
            Cindy Shepard
            H.L.C. Monmouth

23

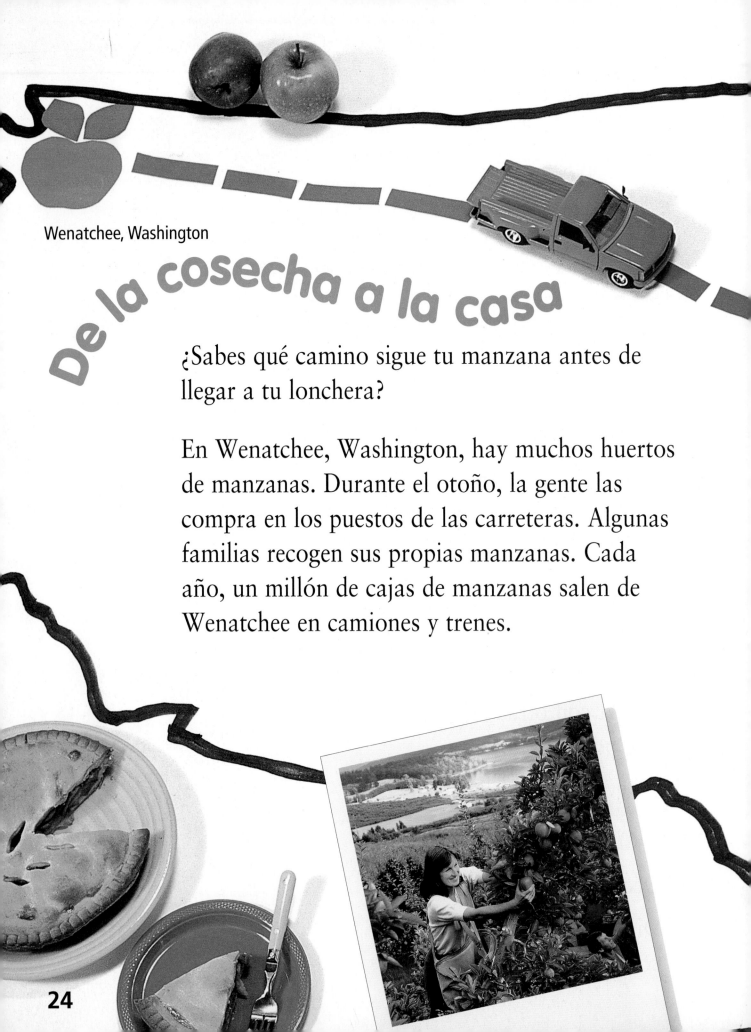

Wenatchee, Washington

De la cosecha a la casa

¿Sabes qué camino sigue tu manzana antes de llegar a tu lonchera?

En Wenatchee, Washington, hay muchos huertos de manzanas. Durante el otoño, la gente las compra en los puestos de las carreteras. Algunas familias recogen sus propias manzanas. Cada año, un millón de cajas de manzanas salen de Wenatchee en camiones y trenes.

...la ruta de una manzana

En Durham, North Carolina, algunos habitantes de la comunidad compran manzanas de Wenatchee en el supermercado local. Algunas manzanas terminan en las loncheras escolares. Aunque estas dos comunidades están separadas por una distancia de casi 3,000 millas, las comunidades dependen la una de la otra. ¿De dónde crees que vino tu manzana?

Apples $1.19

Escoge la ruta

Imagina que eres un conductor de camión. Tu trabajo es llevar manzanas de Wanatchee, Washington, a Durham, North Carolina.

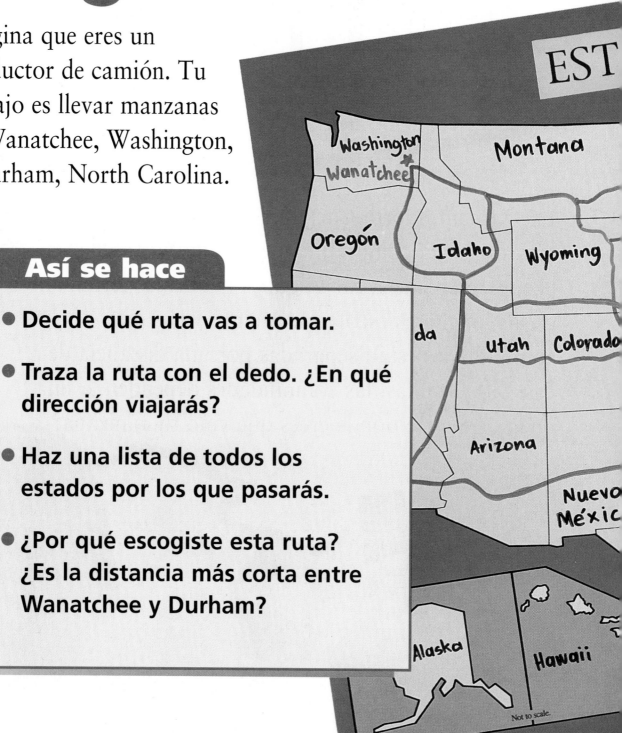

Así se hace

- Decide qué ruta vas a tomar.

- Traza la ruta con el dedo. ¿En qué dirección viajarás?

- Haz una lista de todos los estados por los que pasarás.

- ¿Por qué escogiste esta ruta? ¿Es la distancia más corta entre Wanatchee y Durham?

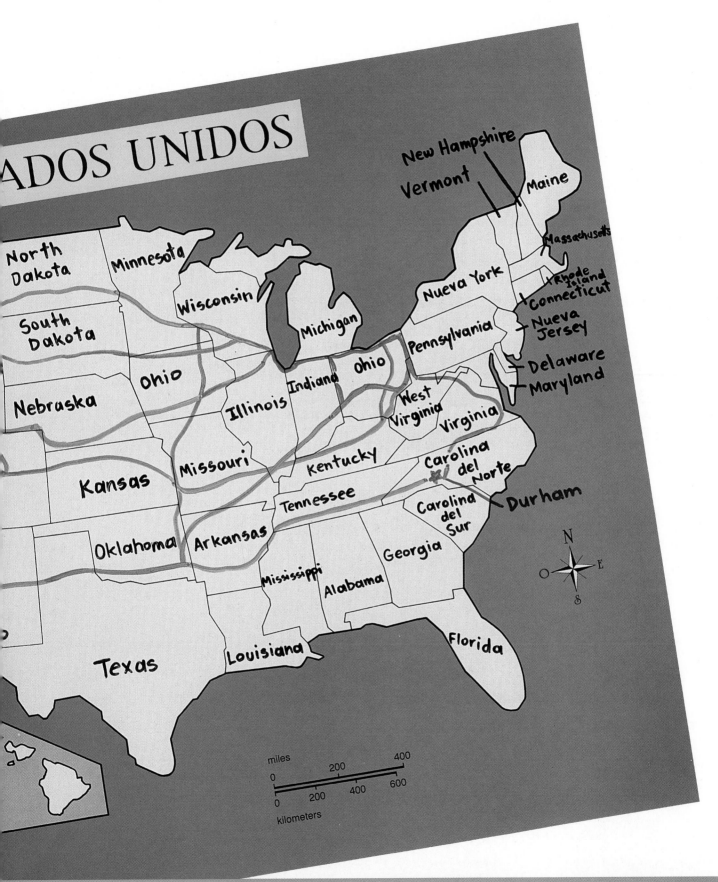

ADOS UNIDOS

North Dakota
Minnesota
Wisconsin
Michigan
South Dakota
Ohio
Nebraska
Illinois
Indiana
Ohio
Kansas
Missouri
Kentucky
Tennessee
Oklahoma
Arkansas
Mississippi
Alabama
Georgia
Texas
Louisiana
Florida
New Hampshire
Vermont
Maine
Massachusetts
Nueva York
Rhode Island
Connecticut
Pennsylvania
Nueva Jersey
West Virginia
Delaware
Maryland
Virginia
Carolina del Norte
Carolina del Sur
Durham

N
O   E
S

miles
0   200   400
0   200   400   600
kilometers

Los trenes

un poema de Olga Romero

Por las montañas,
sobre los puentes,
pasan los trenes
llevando gente.

Llevan las cartas
a su destino
sin detenerse
por el camino.

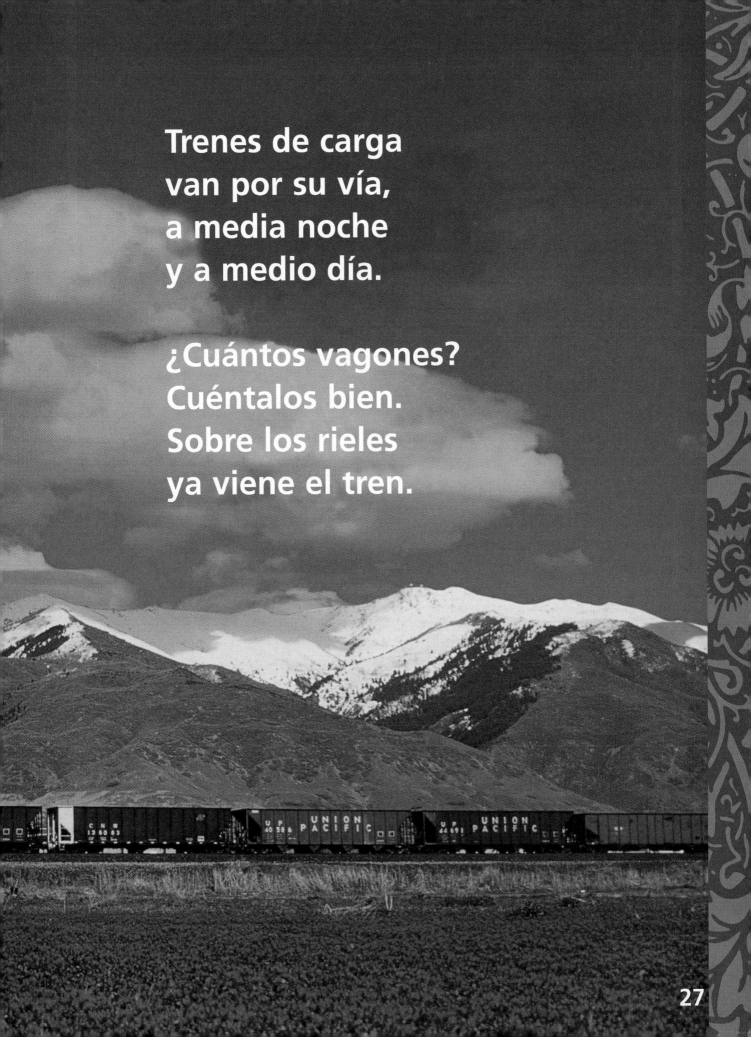

Trenes de carga
van por su vía,
a media noche
y a medio día.

¿Cuántos vagones?
Cuéntalos bien.
Sobre los rieles
ya viene el tren.

Exploración de la tierra

La gente construye comunidades en la tierra y por el agua que le rodea. Llamamos **formas terrestres** a diferentes tipos de tierra. Vamos a conocer algunas comunidades.

Llano

Algunas comunidades que se encuentran en lugares llanos tienen tierra que es buena para cultivos. Hay mucho espacio para criar animales.

Río

Las comunidades que se encuentran junto a los ríos se benefician del pescado y del agua dulce. Los barcos llevan gente, alimentos y cosas hechas en una comunidad a otros lugares.

Montaña

Mucha gente de las comunidades montañesas trabaja en los alrededores. A la gente le gusta también dar caminatas, esquiar y escalar montañas.

Isla

Las comunidades que
se forman en islas
están rodeadas de
agua. Puentes, barcos
y aviones llevan gente
y cosas desde la
isla hasta otras
comunidades.

Construimos comunidades

Construye una clase diferente de comunidad cerca de cada forma terrestre. Asegúrate de mostrar una comunidad

- ✔ junto a un río.
- ✔ en un lugar llano.
- ✔ en una isla.
- ✔ en las montañas.

montaña

isla

¿Encuentras la montaña?

Este es un mapa que muestra las fomas terrestres. Puede servirte para encontrar formas como las montañas y los océanos.

Mira las ilustraciones, o símbolos, en la clave. Cada uno representa una forma terrestre o extensión de agua. Búscalos en el mapa.

Clave del mapa

Un **llano** es un área de terreno grande y plana.

Una **montaña** es un área de terreno que se eleva mucho sobre la tierra.

Un **río** es mucha agua en movimiento que a menudo corre de las montañas al mar.

Los **lagos** y los **océanos** son extensiones de agua grandes.

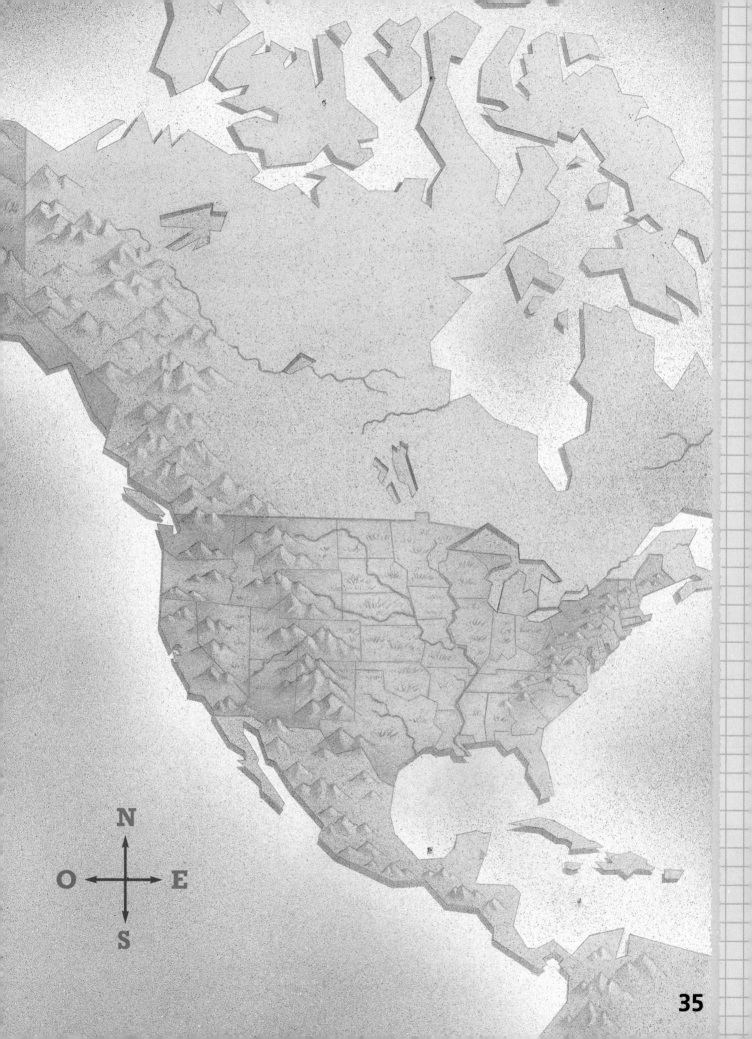

N

O E

S

35

Escribe un poema

Usa tus sentidos para escribir un poema sobre una comunidad.

En las montañas respiramos aire puro, oímos pajaritos sentimos frío, gustamos del jar de arce, estamos muy

En la isla respiramos aire de mar, oímos las sirenas de los barcos, sentimos la brisa, gustamos del agua de coco, y el océano nos rodea.

Así se hace

- **Escribe un poema sobre una comunidad junto a un río, en las montañas, en un llano o en una isla.**

- **Copia tu poema en una hoja de papel blanco. Añade dibujos para ilustrarlo.**

- **Haz un marco para tu poema pegándolo en una hoja de papel de colores que sea un poco más grande que el papel blanco.**

- **Haz una lectura de poemas en la clase. Comenta tus poemas sobre formas terrestres con tus compañeros de clase.**

Haz una encuesta

¿Les gustaría a tus compañeros de clase y a ti vivir cerca de una montaña o de un río? ¿En una isla o una pradera? Haz una encuesta para averiguarlo.

Así se hace

- **Pregunta a tus compañeros de clase dónde les gustaría vivir.**

- **Muestra los resultados de tu encuesta en una gráfica.**

- **¿Qué tipo de comunidad prefieren tus compañeros? ¿Y tú?**

Una ciudad contra el MAR

Algunas comunidades son especiales por el lugar donde están construidas. Galveston, Texas está en una isla. La gente que vive allí puede pescar y jugar en las playas. Pero las olas del mar se llevan la arena de la isla, y durante las tormentas, olas grandes pueden pasarle por encima.

Hace mucho tiempo, un huracán creó una ola muy alta que destruyó muchas casas y tiendas.

Para proteger a Galveston contra las tormentas se ha hecho un dique de hormigón y rocas.

La isla de Galveston es larga y estrecha. Su altura es de unos siete pies sobre el mar.

Galveston

¿Qué hicieron los habitantes de Galveston para luchar contra el mar? Construyeron un dique para detener las olas. También hicieron que su isla fuera más alta trayendo montones y montones de tierra y arena.

¡Mide 15 pies!

La ola que llegó a Galveston durante el huracán tenía 15 pies de altura. ¿Cuánto es 15 pies? Usa una regla y papel para calcularlo.

Así se hace

- Usa una regla para medir una tira de papel de un pie de largo. Recorta la tira.

- Mide y recorta otras 14 tiras de un pie de largo.

- Pega las tiras unas con otras. Trata de no sobreponer las tiras cuando las pegues.

- Acuéstate al lado de la tira de 15 pies de forma que tus pies estén en un extremo. Pide a un amigo que marque dónde está la parte superior de tu cabeza en la tira. Compara tu propia altura con la altura de la ola.

Pinta un mural del mar

Trabaja con algunos compañeros de clase. Busquen ilustraciones del mar en algunos libros del salón de clase o de la biblioteca de la escuela.

Hablen sobre las diferentes maneras en que se muestra el mar. Después, usen su imaginación para pintar un mural del mar.

Así se hace

- **Coloreen un papel con acuarelas.**

- **Cuando la pintura esté seca, añadan detalles con un creyón oscuro o con un marcador negro.**

- **Pónganle un título a su mural del mar y cuélguenlo en el salón de clases.**

Pittsburgh

Una ciudad junto a un río

La ciudad de Pittsburgh, Pennsylvania, fue construida cerca de tres ríos con agua y pesca abundantes. Los iroqueses fueron los primeros en construir comunidades cerca de los tres ríos. Atrapaban peces para comer. Con el paso del tiempo, otra gente llegó para construir comunidades cerca del agua.

Mira este antiguo mapa de Pittsburgh. ¿Puedes ver por qué una parte de Pittsburgh recibe el nombre de Triángulo Dorado?

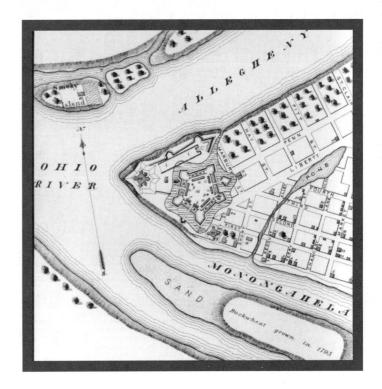

Los ingleses construyeron un fuerte cerca de los tres ríos. Lo llamaron Fuerte Pitt. Allí creció Pittsburgh. La gente venía a **comerciar,** es decir, a comprar y a vender. Los barcos transportaban mucho de lo que se comerciaba.

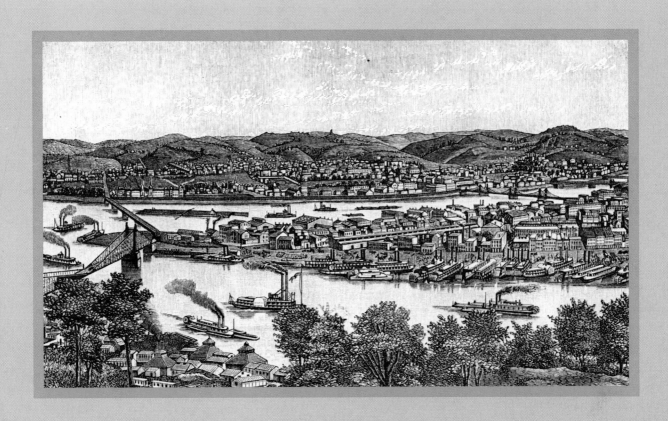

Pittsburgh llegó a ser una ciudad donde se fabricaba acero. Las comunidades compraban acero para construir puentes, ferrocarriles y fábricas. Las fábricas producían mucho humo y Pittsburgh se contaminó.

Los líderes de la ciudad querían limpiar Pittsburgh. Los habitantes de la comunidad se esforzaron por controlar el humo. Hoy en día, el aire de Pittsburgh es mucho más limpio.

¿Por qué crees que Pittsburgh llama a su equipo de fútbol norteamericano "The Steelers", es decir, "Los acereros"?

En los ríos cercanos a Pittsburgh, los barcos todavía llevan cosas a otras comunidades.

¿Cómo se nombró tu ciudad?

Escribir una carta es una buena manera de que tu clase obtenga información. Usa las siguientes ideas para averiguar de dónde viene el nombre de tu comunidad.

Reúnete con tu clase. Hablen sobre lo que desean averiguar. Escriban las preguntas.

Averigüen quién podría saber las respuestas. Obtengan la dirección de esa persona.

Trabajen juntos para escribir sus preguntas en una carta.

¡Envíen su carta y esperen la respuesta!

La fecha **dice cuándo fue escrita la carta.**

11 de septiembre

Estimada Sra. Torres:

Nuestra clase está haciendo una investigación. Queremos saber de dónde viene el nombre de nuestra ciudad. ¿Podría, por favor, facilitarnos esta información?

Atentamente,

Salón 108
Escuela Park Street

El **saludo** quiere decir "hola".

El **cuerpo** es la parte principal de la carta.

La **despedida** quiere decir "adiós".

El **nombre** dice quién escribió la carta.

¿Qué quiere decir un nombre?

¿Sabes de dónde vienen los nombres de ciudades, ríos y estados? Los nombres de algunos lugares vienen de la tierra o del agua que los rodean.

Los bosques del Parque Nacional de **Mesa Verde** en Colorado, son planos, como la parte de arriba de una mesa. De ahí viene el nombre "mesa verde".

El **río Connecticut** es el río más largo de Nueva Inglaterra. El nombre *Connecticut* viene de una palabra indígena norteamericana que significa "tierra con un río largo".

Montana es conocido por sus montañas y praderas. La palabra *montana* viene del español "montaña".

Satisfacemos
nuestras necesidades

Satisfacemos nuestras necesidades

Contenido

Los mecánicos
un poema de Dorothy Baruch
adaptado al español

A veces
    ayudo a mi papá
    a arreglar el auto.
      ¡Qué trabajo da!
      Le quitamos la tapa
        al radiador,
        y lo llenamos de agua.
      Sí, señor.

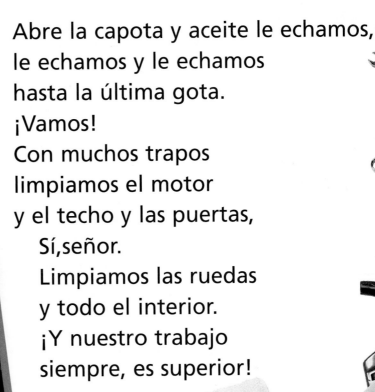

    Abre la capota y aceite le echamos,
    le echamos y le echamos
    hasta la última gota.
    ¡Vamos!
    Con muchos trapos
    limpiamos el motor
    y el techo y las puertas,
      Sí,señor.
      Limpiamos las ruedas
      y todo el interior.
      ¡Y nuestro trabajo
      siempre, es superior!

Trabajar para ganarse la vida

Mucha gente trabaja duro todos los días. Se puede escoger entre millones de trabajos. La gente trabaja por razones diferentes. La mayoría trabaja para obtener lo que necesitan o lo que quieren.

Mucha gente trabaja para ganar dinero. Con dinero podemos comprar las cosas que necesitamos y las que queremos.

¿Puedes imaginarte qué se sentiría trabajando a esta altura sobre la ciudad?

Herramientas para el trabajo

Piensa en un trabajo que te gustaría tener.
Construye una caja de herramientas y
llénala con las cosas que necesitarías para
hacer ese trabajo.

Así se hace

- Busca una caja pequeña u otro recipiente para usar como caja de herramientas.

- Dibuja tus herramientas o recorta fotografías de revistas.

- Si te es posible, pon también algunos artículos "de verdad" en tu caja de herramientas.

- Muestra tu caja de herramientas a los compañeros de clase y a tus padres para ver si pueden adivinar tu trabajo.

Necesidades y deseos

Llamamos **necesidades** a las cosas que la gente debe tener para vivir. Todos necesitamos **alimentos** para comer. Necesitamos **ropa** para vestir. Necesitamos **vivienda** para protegernos. También necesitamos **cariño** y amistad. En todo el mundo la gente tiene las mismas necesidades.

Necesidades...

Deseos

Llamamos **deseos** a las cosas que nos gustaría tener. Los deseos también son importantes. Diferentes personas tienen deseos diferentes. ¿Cuáles son tus deseos?

51

Convence a tu clase

Escribe una lista de tres cosas que te gustan mucho. Escoge una de ellas. ¡Ahora trata de convencer a tus compañeros para que les guste la misma cosa!

Así se hace

- ¿Quieres esta cosa? Escribe tres razones.

- Habla con tus compañeros de clase. Explícales tus razones.

- Tus compañeros votarán *SÍ* si has conseguido convencerlos. ¡Si no lo has conseguido, votarán *NO!*

Necesidades en todo el mundo

Trabaja en grupo para buscar fotografías que muestren lo que comen, dónde viven y cómo demuestran su amistad las personas de otras partes del mundo. Prepara una presentación audiovisual con tu grupo.

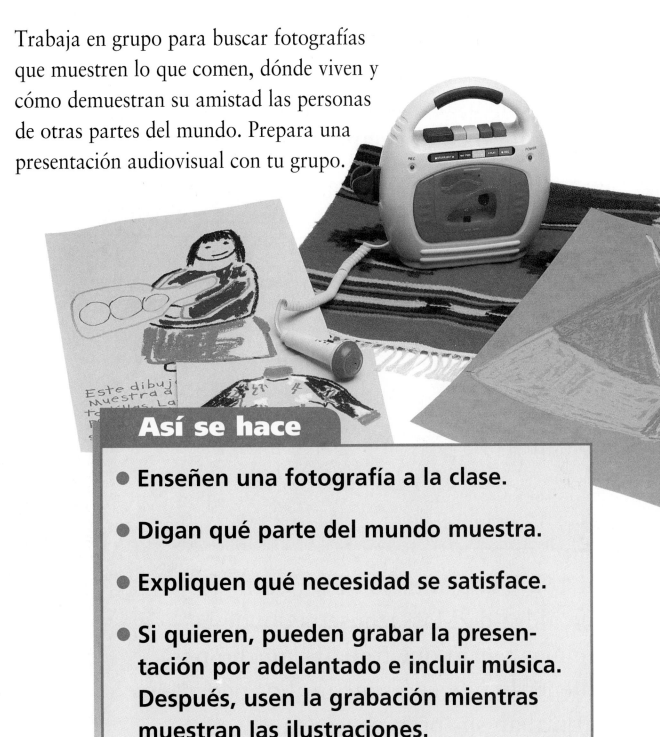

Así se hace

- **Enseñen una fotografía a la clase.**

- **Digan qué parte del mundo muestra.**

- **Expliquen qué necesidad se satisface.**

- **Si quieren, pueden grabar la presentación por adelantado e incluir música. Después, usen la grabación mientras muestran las ilustraciones.**

Peregrinos

No siempre es posible tener todo lo que se necesita o se quiere. Desde siempre, la gente ha tenido que usar cosas que eran fáciles de conseguir, o conformarse con lo que podía pagar.

En 1627, la plantación Plymouth era una aldea de Massachusetts donde las familias tenían que trabajar mucho para obtener lo que necesitaban. Los peregrinos cultivaban sus propios vegetales, ordeñaban sus cabras, pescaban y cazaban.

Plantación

Hoy en día, la gente de Plymouth tiene menos problemas para conseguir comida, ropa y vivienda. Aunque todavía cultivan vegetales, también pueden comprar alimentos en los supermercados o salir a comer a un restaurante.

La gente de Plymouth trabajaba mucho y no siempre tenía tiempo de hacer su propia ropa. Había que esperar que barcos de Inglaterra trajeran telas o ropa.

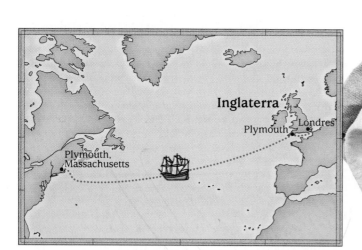

Hoy en día, se usan máquinas y computadoras para hacer ropa en fábricas de Estados Unidos y de otros países.

En la plantación Plymouth, los hombres y los muchachos construían viviendas de madera. Cortaban árboles y los serraban para formar tablas. En los techos ponían hierbas que encontraban a orillas del mar.

Hoy en día las casas están hechas de materiales como cemento, madera y piedra. La gente usa herramientas y máquinas eléctricas para construir las viviendas.

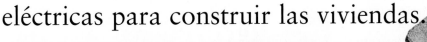

Representación de la vida en Plymouth

Imagina que vives en la plantación Plymouth en 1627. ¿Cómo pasarías cada día? ¿Cómo lograrías que tú y tu familia tuvieran todo lo necesario?

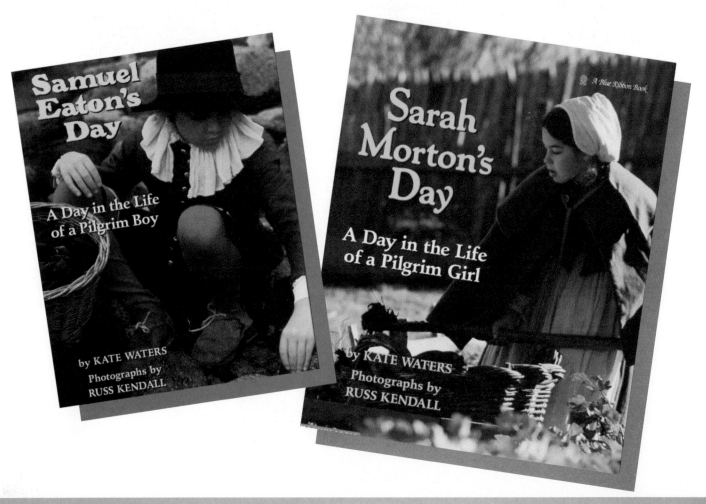

Así se hace

- **Visita la biblioteca de tu escuela para buscar información sobre Plymouth.**

- **En un grupo de tres a cuatro, preparen una escena corta que muestre los trabajos que los diferentes miembros de una familia podrían haber tenido en la plantación Plymouth.**

- **Representen la escena para la clase.**

Árboles de familia

La familia Greene trabaja en su granja de árboles

La familia Greene tiene una granja de árboles en Grain Valley, Missouri. Su trabajo es plantar y cosechar árboles. La Sra. Greene dice: "Cada miembro de la familia sabe hacer todas las tareas en la granja. Trabajamos en equipo para producir los mejores árboles. Los árboles son un recurso natural que necesitamos proteger. Un recurso natural es algo de la naturaleza que es útil para la gente".

Los **productores** cultivan o hacen cosas para vender a la gente. La familia Greene vende muchas cosas. Las personas que compran los árboles, las decoraciones y otros productos son los **consumidores.**

Aaron, primo de Lori, quita la nieve entre las filas de árboles.

La Sra. Greene poda árboles con Garfield.

Lori comenzó a ayudar en la granja cuando era pequeña. Dice: "Mi tarea favorita es vender árboles a la gente. También me gusta ayudar a mi abuela a servir chocolate caliente".

Lori, quien tiene diez años, vende productos hechos en la granja.

Lori recibe algo de dinero por ayudar en la granja. Gasta una parte y pone el resto en el banco para ahorrar. Lori dice: "El año pasado, mi hermano Nick y yo compramos un trampolín. Este año estoy ahorrando para una bicicleta".

El Sr. Greene sacude agujas secas de los árboles.

58

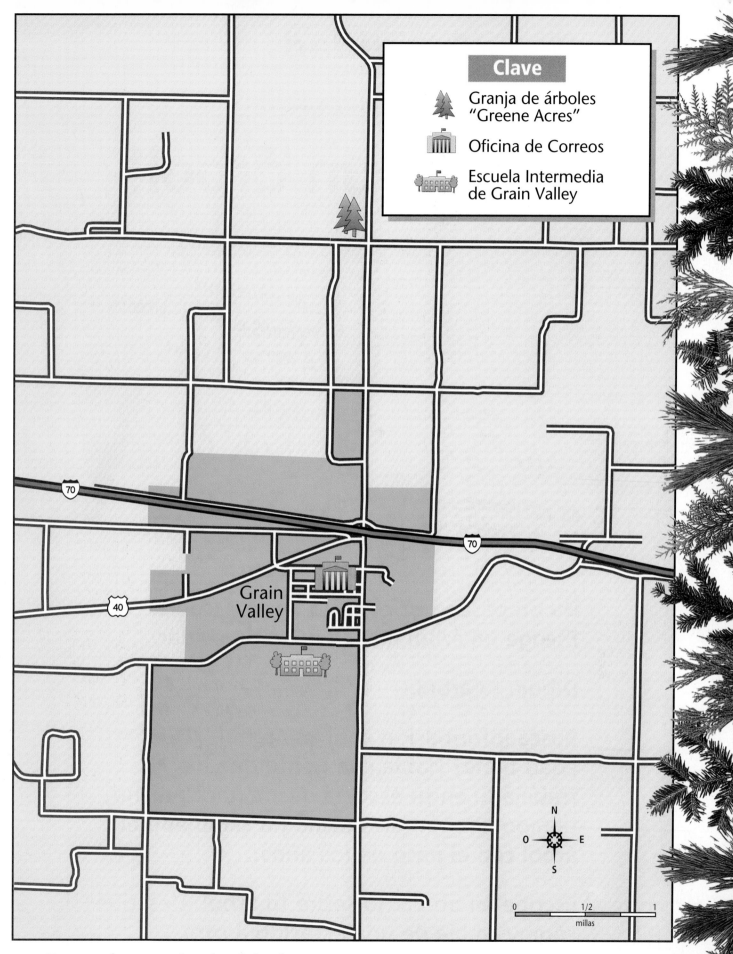

Clave

🌲 Granja de árboles "Greene Acres"

🏛 Oficina de Correos

🏫 Escuela Intermedia de Grain Valley

Grain Valley

N
O E
S

0   1/2   1
millas

Busca la granja de árboles.

Actividad

¡Adopta un árbol!

2 de noviembre.
Hoy nuestra clase sembró
un árbol en el patio de la
escuela.

10 de noviembre.
...me tocó regar

22 de noviembre.
Medimos el árbol durante
el recreo. ¡Está
creciendo!

Así se hace

- Da un paseo por el patio de tu escuela. Escoge un árbol que te gustaría cuidar.

- Dibuja tu árbol.

- Busca información sobre tu árbol. ¿Qué edad tiene? Habla con gente que ha trabajado en tu escuela desde hace mucho tiempo. Pregúntales cómo ha cambiado el árbol con el paso de los años.

- Escribe en un diario sobre tu árbol. Describe cómo cambia de una estación a otra.

Hacer calcos de la naturaleza

- Cubre tu escritorio con periódicos. Pon unas hojas sobre el periódico.

- Coloca un papel de dibujo encima de las hojas. Sostén un creyón de lado y frótalo sobre las hojas.

- Experimenta con diferentes diseños reorganizando las hojas o añadiendo flores silvestres. Prueba con creyones de diferentes colores.

El árbol

un poema de Marge Kennedy

En un bosque espeso
un árbol nació,
por años y años
muy alto creció.

Hasta que por esa tierra
un leñador llegó
y con una gran sierra
el árbol cortó.

Al ebanista el árbol llevó,
y muchos listones del tronco sacó.
Con esos listones grandes puertas hizo,
y también las tablas que forman el piso.

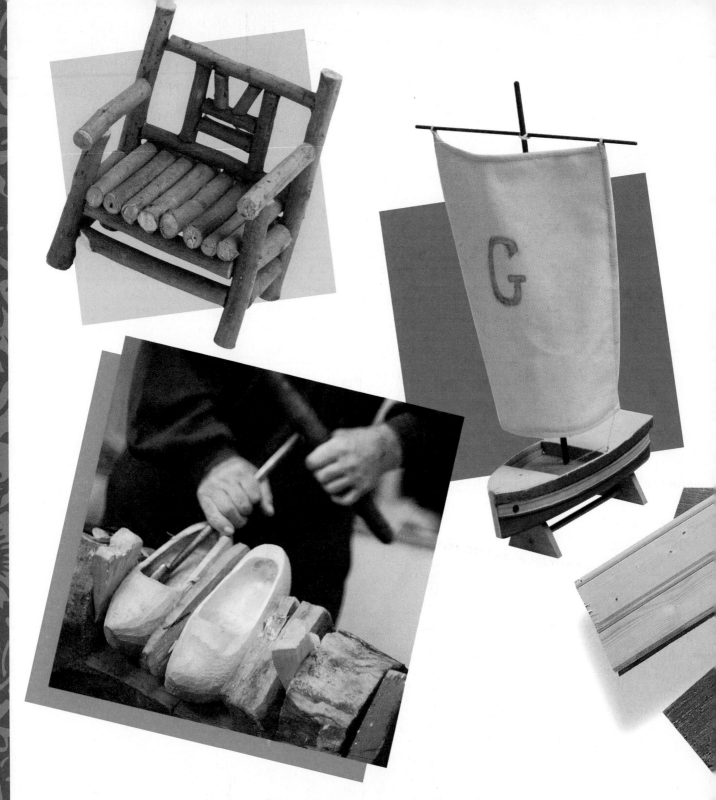

Una mesa y sillas hizo el carpintero.
Y hasta unos zapatos talló el zapatero.
También construyeron un bote velero
para que lo guiara un buen marinero.

Y ese árbol tan grande, lleno de bondad
ayudó a toda la gente de aquella ciudad.
Y ni un pedacito se desperdició
porque hasta de leña el árbol sirvió.

Hacer un bate de béisbol

Esto es un **diagrama**, una ilustración que muestra cómo se hace algo. El título te dice de qué trata el diagrama.

Comienza en la primera casilla. Sigue las flechas para ver el orden en que pasan las cosas.

1 Se corta un fresno.

2 El árbol se corta en pedazos más pequeños.

64

4 Los bates terminados se empaquetan en cajas y se envían a las tiendas.

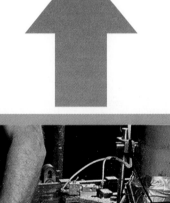

3 Se da forma al bate de béisbol con una máquina especial.

¡De todo el mundo!

La lana de algunos
suéteres viene de Perú.

El acero en las hojas de los
patines para hielo puede
venir de Brasil.

Para hacer pantalones como
éstos se puede usar algodón
de los Estados Unidos.

66

¿Qué ropa llevas? ¿De dónde vino? Tal vez tus zapatos vinieron de una tienda cercana. ¿Dónde consiguen las tiendas las cosas que venden?

Los trabajadores de las fábricas hacen cosas que se llaman **bienes de consumo** para vender. Los bienes de consumo son cosas que se hacen y después se venden en las tiendas.

Las fábricas hacen algunos productos de **recursos naturales** tales como plantas y cosas de la tierra. Cuando una fábrica no tiene los materiales que necesita, puede comprarlos en otros países. La gente envía productos y recursos naturales a otras partes del mundo por medio de aviones, barcos, trenes y camiones.

algodón

lana

acero

Hacer preguntas

Puedes obtener información hablando con una persona en una entrevista. Antes de hacer una entrevista debes saber con quién hablarás y sobre qué quieres hablar. Las siguientes son algunas preguntas que puedes hacer si quieres entrevistar a alguien sobre su trabajo.

1. ¿Cuál es su trabajo? ¿ Qué hace usted?

2. ¿Dónde trabaja usted?

3. ¿Dónde aprendió a hacer su trabajo?

4. ¿Qué le gusta más de su trabajo?

5. ¿Trabaja solo/a o con otros?

6 ¿Que ropa lleva cuando trabaja?

7. ¿Qué máquinas o herramientas usa
   para su trabajo?

8. ¿Es voluntario o le pagan por su trabajo?

eportero

¡Pregunta nada más!

Muchos trabajadores ayudan a la comunidad. A algunos los llamamos trabajadores de servicio a la comunidad. Un servicio es algo que se hace para otra persona. El trabajo que hacen estas personas ayuda a todos.

¿Has conocido a la gente que se encarga del agua de la tubería de desagüe de tu casa?

P: ¿Dónde trabaja?

R: Trabajo con las tuberías subterráneas de agua. Nos encargamos de que estén limpias y de que el agua pase sin problema.

P: ¿Qué hace usted?

R: Soy capataz. Mi trabajo es asegurar que todo se haga sin peligro.

P: ¿De dónde vienen sus ingresos, es decir, el dinero que gana?

R: La gente que vive en la comunidad paga **impuestos**. Un impuesto es dinero que la gente paga al gobierno. Mis ingresos vienen de los impuestos de la gente. Los impuestos también sirven para comprar equipo de seguridad.

71

Sorpresas

agente de tráfico

escaparatista

trabajador de alcantarillas en una boca de acceso

alcantarilla

operador de tren subterráneo

72

Arriba y abajo

Algunas personas en la comunidad trabajan sobre tierra y otras bajo tierra. ¡Todas estas personas están ocupadas trabajando!

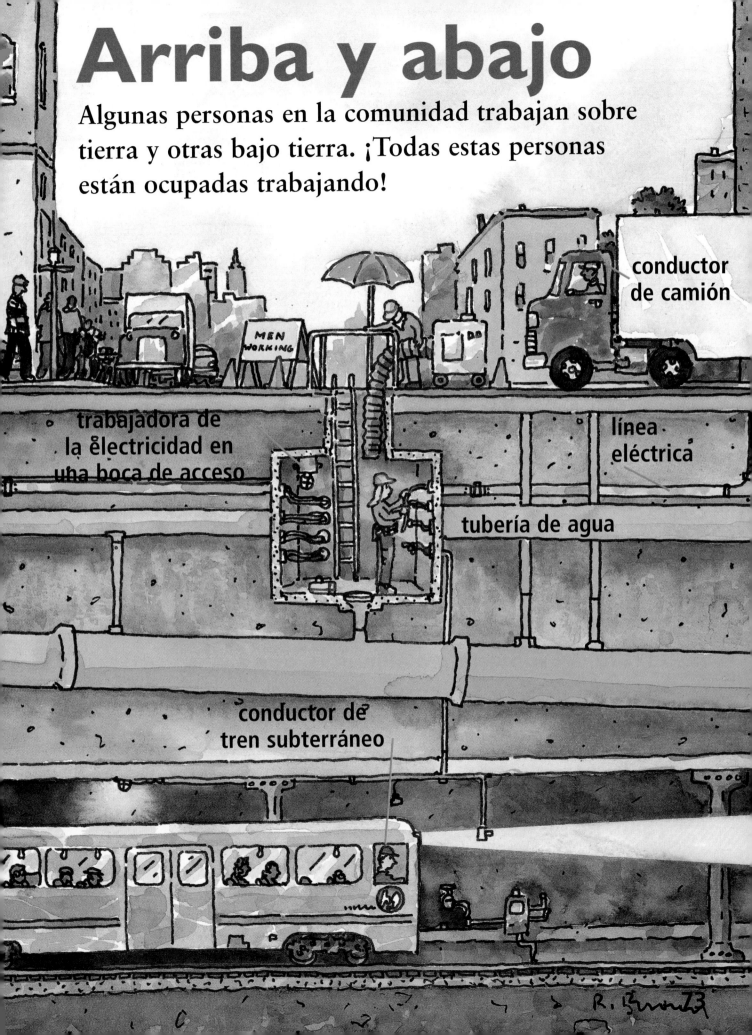

conductor de camión

trabajadora de la electricidad en una boca de acceso

línea eléctrica

tubería de agua

conductor de tren subterráneo

Sigue el subterráneo

El mapa de la página siguiente muestra las rutas del subterráneo en una parte de la ciudad de Nueva York.

Las letras o números explican los nombres de las rutas, o líneas, del subterráneo. Los cuadrados muestran dónde paran los trenes.

Toma el tren "C" hasta el Museo de Historia Natural.

Así se hace

- **Averigua de dónde sale el tren "C". Sigue la ruta del subterráneo al museo, que está en la calle 81, frente al Parque Central.**

- **¿Cuántas paradas hace tu tren?**

- **¿Bajo qué extensión de agua pasa?**

- **¿Qué otro tren podrías tomar para ir al museo?**

Mapa del subterráneo de
la ciudad de Nueva York

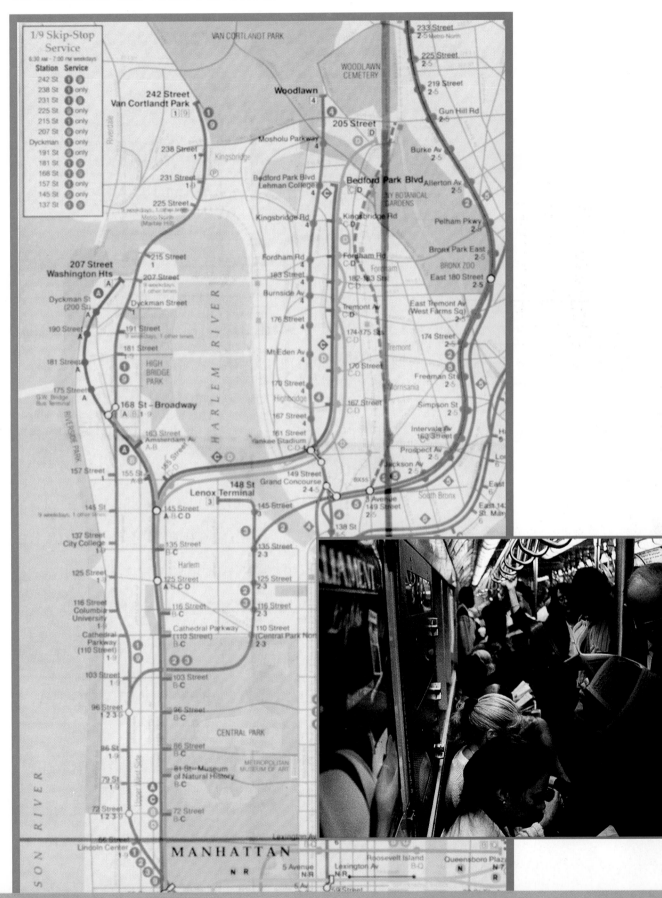

Vecinos ayudan a vecinos

Esta es Megan. Tiene siete años y vive en Massachusetts.

¿Has ayudado alguna vez a un vecino? He aquí cómo un grupo llamado *Hábitat para la humanidad* ayudó a Megan y a su familia a construir una casa.

★ Voluntarios construyen casas

Llamamos **voluntarios** a personas como las que trabajan para *Hábitat para la humanidad*. Los voluntarios son gente que trabaja de gratis para ayudar a otros. Los que construyeron la casa de Megan eran maestros, constructores, policías y estudiantes. Megan dice: "Yo ayudé también. Puse tablas para cubrir las paredes de nuestra casa y pinté mi armario".

Entra en acción

- Piensa en un trabajo voluntario que podrías hacer.
- Haz una lista de todas las maneras de ayudar.

Los voluntarios trabajan
mucho para terminar la casa.

Aquí están Megan y su
familia al frente de su casa.

Sugerencias para ser voluntario

- Decide lo que quieres hacer.
- Pregunta a un adulto cómo puedes ayudar.

Árbol de manos que ayudan

¿Cuántas formas de ayudar a otros se te ocurren? Traten de llenar el salón de clases con manos que ayudan.

Así se hace

- Tracen la mano en un pedazo de cartulina y recorten la figura. Hagan varios recortes de manos.

- En cada recorte, escriban o dibujen una ilustración de la manera en que pueden ayudar a otros.

- Recojan todas las figuras de manos y cuélguenlas en un Árbol de manos que ayudan.

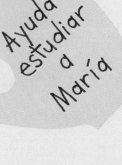

Ayuda a estudiar a María

Reciclando

Limpia los libreros

Crea una gráfica

La siguiente es una manera divertida de recordar las veces que ayudas a otros.

Así se hace

- Usa una lata o frasco grande y decora la parte de afuera. Por ejemplo, puedes escribir las palabras "Podemos ayudar".

- Pon la lata en un lugar especial. Guarda unas fichas para contar. Puedes usar sujetapapeles o figuras pequeñas recortadas de papel.

- Cada vez que ayudes a otra persona, pon una ficha en la lata. Al terminar cada día, cuenta el número de fichas. Anota los resultados en una gráfica de barras.

NATIONAL GEOGRAPHIC
world

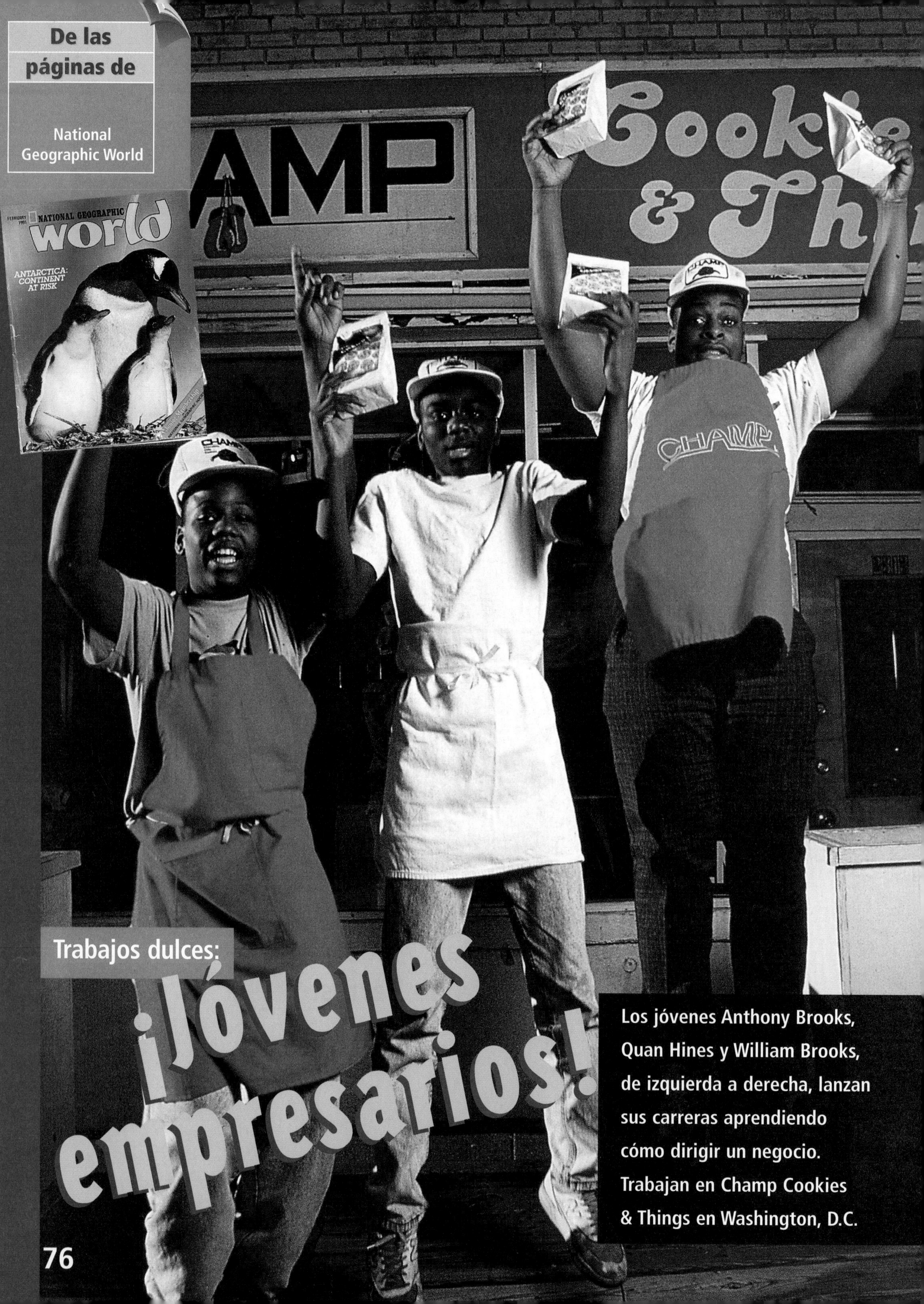

FEBRUARY 1991

ANTARCTICA:
CONTINENT
AT RISK

Trabajos dulces:

¡Jóvenes empresarios!

Los jóvenes Anthony Brooks,
Quan Hines y William Brooks,
de izquierda a derecha, lanzan
sus carreras aprendiendo
cómo dirigir un negocio.
Trabajan en Champ Cookies
& Things en Washington, D.C.

Arreglos bonitos

Brandon Bosek es un futuro hombre de negocios. Brandon ha dirigido Bloomin' Express, su servicio de entrega de flores, durante más de un año. "Vendo arreglos florales de la misma forma que otros venden revistas: mediante subscripción", explica Brandon, de 11 años, de Miami, Florida. "Me gusta hablar con mis clientes sobre las flores y después entregarlas."

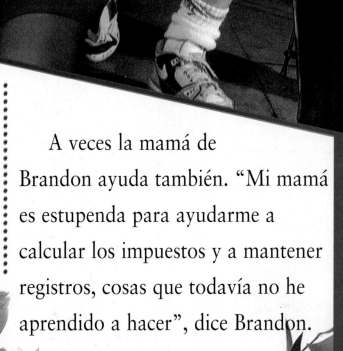

Brandon dice que las flores de Bloomin' Express duran más tiempo que las de los supermercados. "Son más frescas", explica.

Cada semana, Brandon averigua lo que sus nueve subscriptores quieren, telefonea los pedidos al proveedor y, con la ayuda de su padre, hace las entregas.

A veces la mamá de Brandon ayuda también. "Mi mamá es estupenda para ayudarme a calcular los impuestos y a mantener registros, cosas que todavía no he aprendido a hacer", dice Brandon.

Negocio con galletas

Ya sea haciendo galletas o dando cambio, Tardkeith McBride y Maurice Cobb aprenden cómo llevar un negocio en Champ Cookies & Things en Washington, D.C. Tardkeith, de 14 años, a la izquierda, y Maurice, de 15 años, son dos de más de 65 jóvenes que trabajan en la fábrica.

Ali Khan, ex maestro y consejero de orientación escolar, comenzó Champ Cookies hace cuatro años con tres amigos. Querían ayudar a los jóvenes a no entrar en el mundo del crimen y de las drogas. "Les enseñamos administrar un negocio y los animamos a sentirse orgullosos de su trabajo", dice Khan.

Trabajando unas cuantas horas después de la escuela cada día, los estudiantes aprenden todos los pasos del negocio.

Ganancias con gallinas

Nikky Hoyne nunca pondrá todos sus huevos en la misma cesta. No cabrían. Nikky, de 9 años, de Hinsdale, Illinois, vende hasta siete docenas de huevos por día. Cuando comenzó a criar gallinas como animales domésticos hace cuatro años, regalaba los huevos. Ahora Nikky tiene unos 25 clientes que los compran regularmente. "A la gente le gustan mis huevos porque son muy buenos y muy frescos", dice ella. Nikky pasa varias horas al día cuidando a los pollitos y alimentando, limpiando y jugando con sus gallinas. Para Nikky es una tarea de cariño. "Mis gallinas son mis amigas", explica.

Búscalo

Puedes encontrar respuestas a algunas preguntas en el diccionario. Un diccionario es un libro sobre palabras. Las palabras están en orden alfabético, o de abecedario.

Un diccionario puede mostrarte cómo deletrear una palabra. También puede decirte lo que significa una palabra. A veces, una palabra tiene más de un significado.

conductividad

Propiedad o característica de la electricidad. La electricidad tiene mayor **conductividad** cuando pasa fácilmente por una sustancia o material.

conducto

Caño o tubo que permite que algo pase. Un tubo para cables eléctricos sirve de **conducto**.

Las **palabras guía** indican la primera y la última palabra que aparecen en la página.

conductor

La **definición** explica el significado de la palabra.

conductor,-a

1. *adj.* material que permite el paso de una corriente de agua o electricidad. El cobre es buen **conductor** de la electricidad.
2. *nom.* persona que maneja o conduce un tren. Entregamos nuestros boletos al **conductor**.

conduelo

Expresión de lástima por el sufrimiento de otra persona. Dar el pésame a la familia cuando alguien se muere es una expresión de **conduelo**.

conectar

Unir dos cosas distintas. La fotografía de arriba me ayudó a **conectar** la palabra con su definición.

Esta palabra tiene **dos significados**. ¿Cuál significado va mejor con la foto?

¡Haz mapas!

Ya sabes cómo leer y usar mapas. Ahora, sigue los siguientes pasos para hacer un mapa de un lugar verdadero.

1. Decide de qué va a ser tu mapa. Estos niños están haciendo un mapa de algunas de las tiendas en su comunidad.

2. Averigua dónde está todo. Un dibujo sencillo del lugar te ayudará a recordar dónde están las cosas.

3. Averigua hacia dónde está el norte. Márcalo en tu dibujo. Escríbelo en tus notas.

4. Usa tus notas y dibujos para hacer tu mapa. Decide qué símbolos vas a usar en tu clave del mapa. ¡No te olvides de incluir una rosa de los vientos!

Alcancía de ahorros

Ahorrar dinero es una buena costumbre. Puedes comenzar a ahorrar tu dinero en una alcancía. Sigue estos pasos para hacer tu propia alcancía en forma de cerdito.

Necesitas:

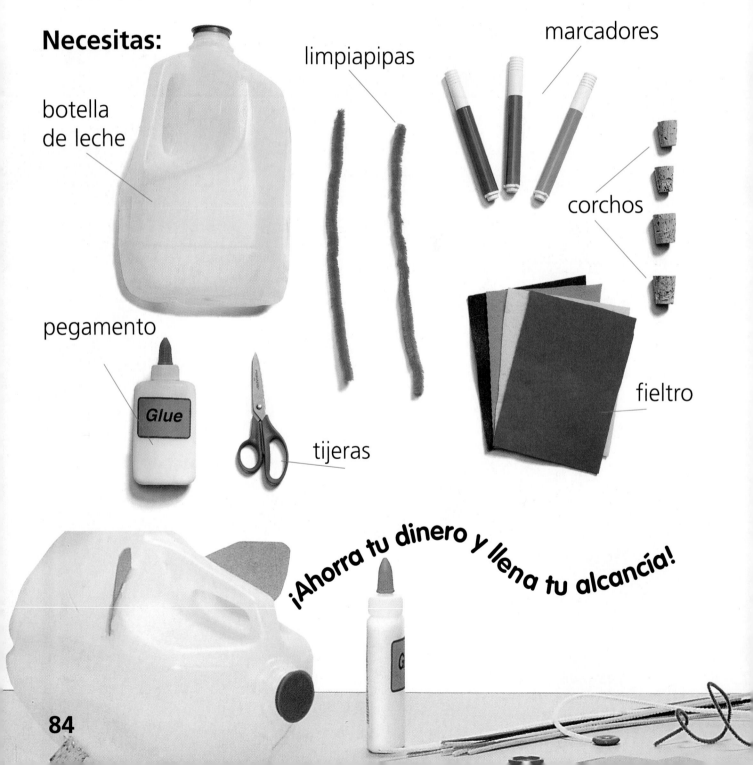

botella de leche

limpiapipas

marcadores

corchos

fieltro

pegamento

Glue

tijeras

¡Ahorra tu dinero y llena tu alcancía!

1 Comienza con una botella de plástico vacía y limpia. Pon la botella de lado. En la parte de arriba, corta una ranura por la que puedan caber monedas.

2 Corta cuatro círculos para poner patas.

3 Empuja los corchos firmemente. Añade pegamento si es necesario.

4 Usa fieltro, un limpiapipas, creyones y marcadores para decorar tu cerdito.

El dinero en la historia

¿Podrías comprar un par de  o un

zapatillas   **sándwich**

con 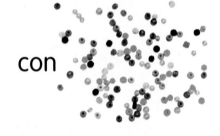 Hace mucho tiempo la gente hacía eso.

cuentas

La gente usaba los siguientes objetos como dinero:

   **llave de metal**

piedra grande   **llave de metal**   **conchas de cauri**

Éste es, el dinero hoy.

Aprendemos

nuestras reglas y leyes

Aprendemos nuestras reglas y leyes

Contenido

The Star-Spangled Banner

de Francis Scott Key

Oh! say, can you see,
by the dawn's early light,
What so proudly we hail'd
at the twilight's last gleaming?
Whose broad stripes and bright stars,
through the perilous fight
O'er the ramparts we watched
were so gallantly streaming?

And the rocket's red glare,
the bombs bursting in air,
Gave proof through the night
that our flag was still there.
Oh! say, does that Star-Spangled Banner yet wave
O'er the land of the free
and the home of the brave?

Feria de culturas

En los Estados Unidos de América viven personas de muchas culturas diferentes. En esta fotografía, unos niños están mostrando a los demás su música, sus cuentos y sus ideas.

Lo que tú crees, las lenguas que hablas, lo que haces y el grupo de personas al que perteneces hacen que seas parte de una cultura. ¿Puedes decir qué culturas celebran estos niños?

Colcha de cultura

Crea una colcha de culturas con tu clase. Cada estudiante hará un cuadrado de cartulina. Después, junten todos sus cuadrados.

Necesitas lo siguiente
papel de seda
papel de colores
cinta
macarrones
bolitas de algodón
papel de aluminio
pedazos de tela
tijeras
pegamento

Así se hace

- **Usa los materiales para crear símbolos que representan tu cultura o una cultura que conozcas.**

- **Organiza tus símbolos en el cuadrado de cartulina.**

- **Pega los símbolos en el cuadrado. Escribe tus iniciales en la esquina.**

- **Peguen todos los cuadrados juntos para hacer una colcha de cultura.**

¿Cuántas culturas?

¿Puedes adivinar cuántas culturas hay en tu clase?

Así se hace

- Pregunta a tu familia dónde vivían sus familias antes de venir a Estados Unidos.

- Si tu familia es indígena norteamericana, pregúntales el nombre y orígen del grupo al que pertenecen.

- Escriban el nombre de cada lugar en una nota adhesiva. Cada uno debe poner sus iniciales.

- Peguen todas sus notas en un mapa del mundo.

- ¿Cuántos países y grupos ves? Habla con tus compañeros de clase sobre tu cultura.

¿Qué es lo

Gente de todo el mundo ha venido a vivir en Estados Unidos. Hace años, muchas personas dejaron sus hogares en otros países y navegaron hacia la ciudad de Nueva York en grandes barcos. ¿Qué vieron cuando llegaron?

que ves?

Mira la fotografía de la izquierda. Muestra la ciudad de Nueva York hace muchos años. La fotografía de arriba es de la ciudad tal como es hoy.

¿En qué se parecen las fotografías? ¿En qué se diferencian? Observa los detalles en cada fotografía.

Nos juntamos

Los indígenas norteamericanos fueron los primeros que vivieron en Norteamérica. Después, la gente empezó a venir a Estados Unidos desde muchos países del mundo. Muchas personas que vienen a vivir a Estados Unidos hoy en día se trasladan a California, Nueva York, Texas, Florida y Nueva Jersey. Estos estados están coloreados de morado en el mapa.

ESTADOS UNIDOS

CALIFORNIA

TEXAS

NUEVA YORK

NUEVA JERSEY

FLORIDA

millas 0 300 600

Todas estas personas viven, trabajan y se divierten en el mismo lugar. Las reglas y leyes están para mantener la seguridad de todos.

¿Quién hace las reglas y las leyes en tu comunidad?

¡REGLAS!

En la escuela obedeces reglas todos los días. ¡Probablemente estás obedeciendo más de una regla ahora mismo!

Las **reglas** nos dicen lo que debemos hacer y lo que no. Nos ayudan a llevarnos bien. Los líderes de nuestra escuela, de nuestra comunidad y de nuestro país crean reglas para ayudar a la gente a vivir y a divertirse juntos sin peligro. ¿Puedes decir qué reglas se obedecen en esta comunidad?

Los letreros de PARE y los semáforos ayudan a los conductores.

Los vigilantes de cruces hacen que los pasos de peatones sean seguros.

La directora ayuda a crear reglas para la escuela.

ESCUELA

AUTOBÚS ESCOLAR

AUTOBÚS ESCOLAR

AUTOBÚS

DETENGA SU PERRO

NO CORTE LAS FLORES

Los letreros para la comunidad avisan a la gente lo que tiene que hacer.

Crear reglas justas

¿Qué reglas pueden crear para ayudar a que todos se lleven bien? Lean los problemas 1 y 2, y después hagan una representación de las soluciones que encuentren.

Así se hace

Problema 1: Su clase tiene una computadora vieja y otra computadora muy nueva que tiene CD-ROM y monitor de color. Todos quieren usar la computadora nueva.

● **Personajes: maestro, dos estudiantes**

● **Algunas soluciones: Con la computadora vieja, los estudiantes podían hacer sólo las tareas de escribir. Con la computadora que tiene CD-ROM, los estudiantes también pueden usar la enciclopedia.**

Algunas soluciones:

1. Hacer dos carriles.

2. Pasar por el carril izquierdo solamente.

3. Colgar un letrero con horarios distintos.

4. Ser cortés.

Así se hace

Problema 2: Hay muchos accidentes en el camino ancho y liso que rodea el parque de tu pueblo. Los ciclistas y los patinadores a veces chocan con caminantes y corredores.

● **Personajes: caminante, corredor, ciclista, patinador**

● **Algunas soluciones: Los caminantes y corredores quieren una regla que diga que no se permiten ciclistas ni patinadores. Las personas que van sobre ruedas se mueven demasiado rápido. Los ciclistas y patinadores piensan que esta regla no es justa. Dicen que la gente que va a pie avanza muy lentamente y bloquea el camino.**

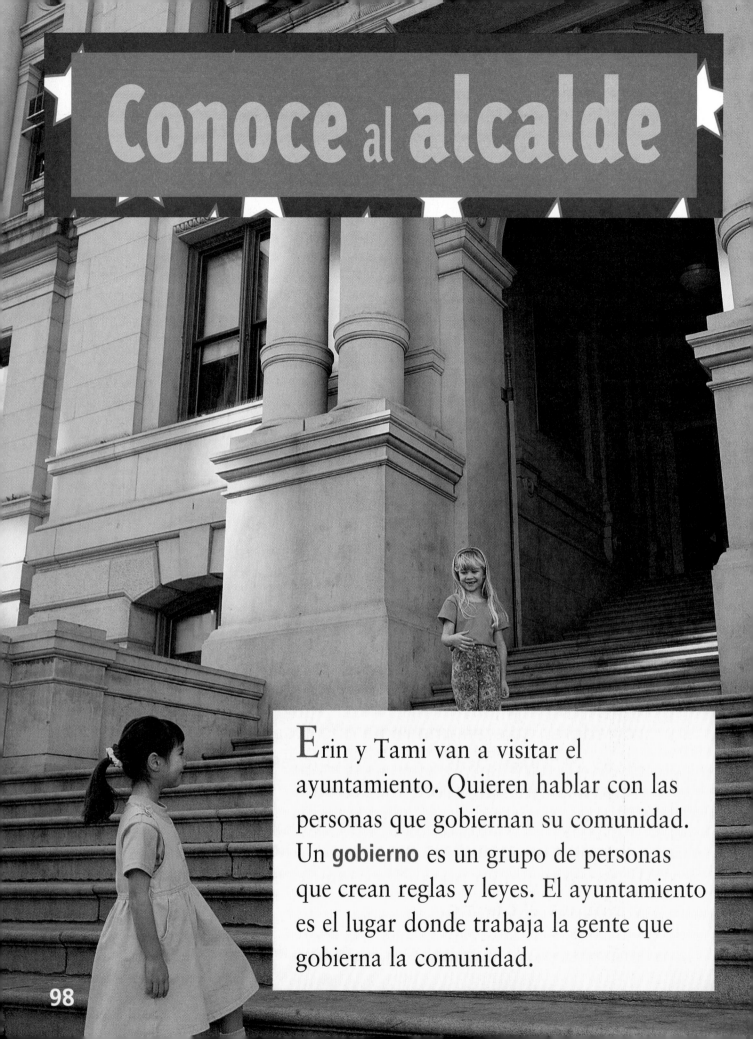

Conoce al alcalde

Erin y Tami van a visitar el ayuntamiento. Quieren hablar con las personas que gobiernan su comunidad. Un **gobierno** es un grupo de personas que crean reglas y leyes. El ayuntamiento es el lugar donde trabaja la gente que gobierna la comunidad.

En muchos lugares, el **alcalde** es el líder del gobierno de un pueblo o ciudad. Puedes escribir o visitar al alcalde si quieres cambiar algo en tu comunidad.

Estimado alcalde:

Me parece que hay un problema con el sistema de reciclaje en nuestro pueblo. Solamente podemos reciclar el plástico número 2. Hay muchos recipientes de plástico que hemos echado a la basura. ¿Puede usted decirle a la campaña de reciclaje que

El consejo municipal es un grupo de personas que trabajan juntas para ayudar al alcalde a resolver problemas de la comunidad.

Conexión con el Capitolio

Éste es el edificio del Capitolio, en Washington, D.C. El Capitolio es el lugar donde trabajan los miembros del Congreso. El **Congreso** es un grupo de personas en nuestro gobierno que trabajan juntas para crear leyes para el país. Una **ley** es una regla que la gente ha decidido obedecer. Los ciudadanos de los Estados Unidos votan para escoger a los miembros del Congreso.

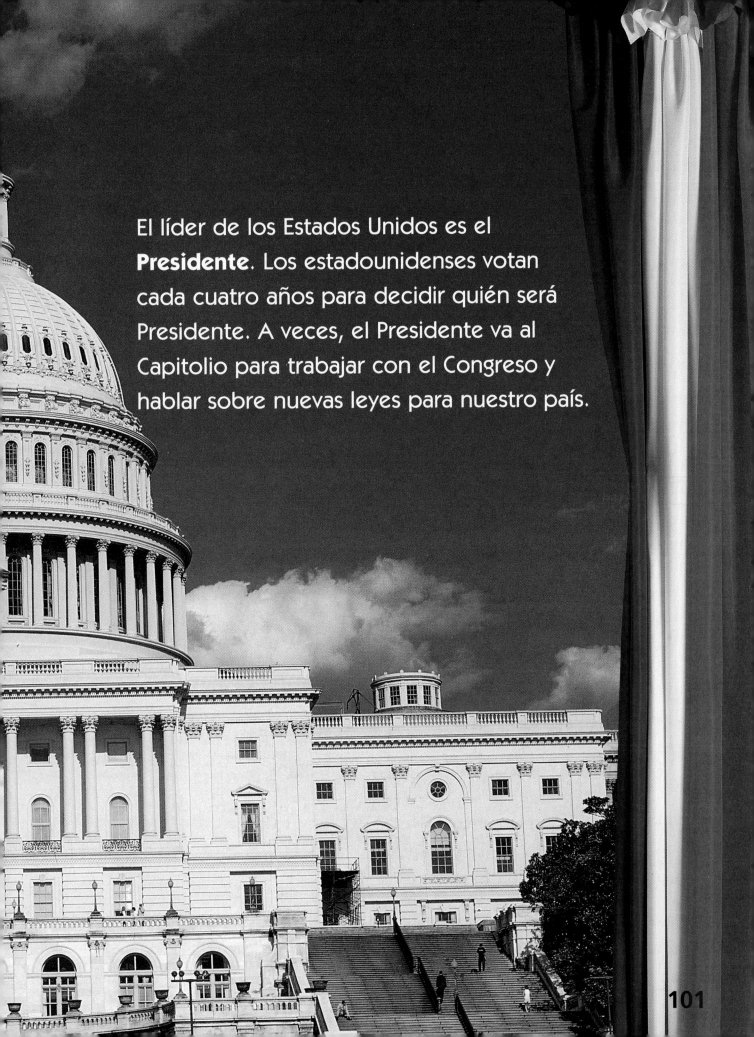

El líder de los Estados Unidos es el **Presidente**. Los estadounidenses votan cada cuatro años para decidir quién será Presidente. A veces, el Presidente va al Capitolio para trabajar con el Congreso y hablar sobre nuevas leyes para nuestro país.

IN GOD WE T

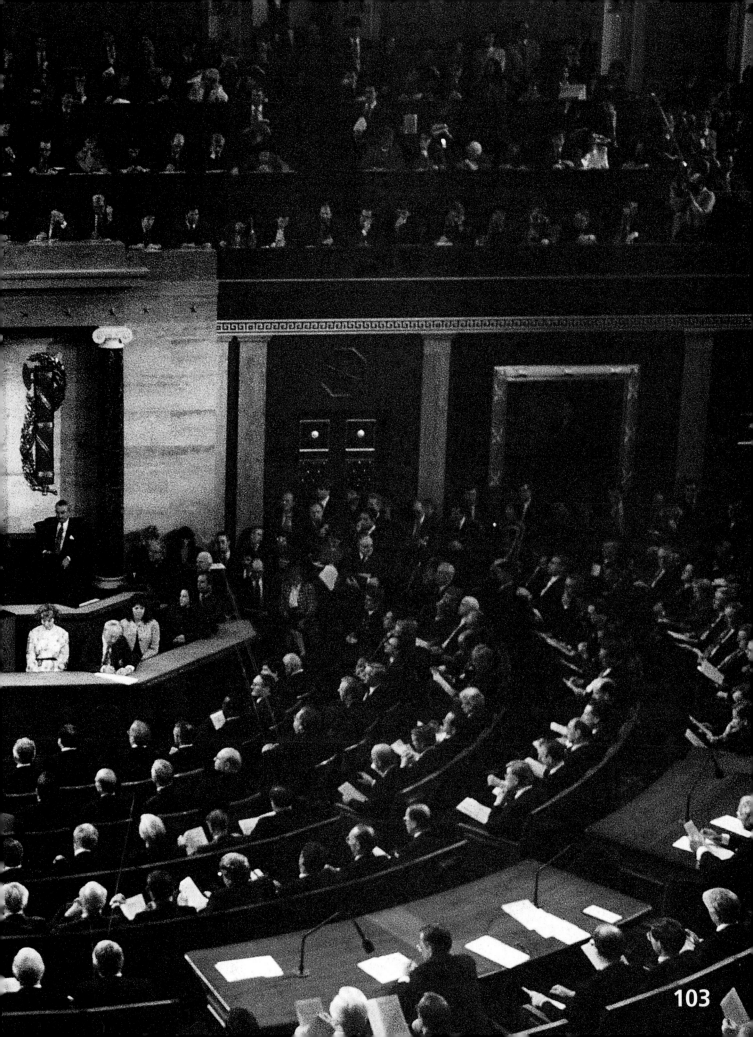

George Washington
Primer Presidente
1789–1797

Thomas Jefferson
Tercer Presidente
1801–1809

Abraham Lincoln
Decimosexto Presidente
1861–1865

Theodore Roosevelt
Vigésimosexto Presidente
1901–1909

Dwight David Eisenhower
Trigésimo cuarto Presidente
1953–1961

John Fitzgerald Kennedy
Trigésimo quinto Presidente
1961–1963

Lyndon Baines Johnson
Trigésimo sexto Presidente
1963–1969

¿Quién es el Presidente ahora?

Sala de presidentes

¿Has estado alguna vez en un museo de historia viva? Sigue estas instrucciones para ver en vivo a un Presidente.

Thomas Jefferson fue nuestro tercer presidente. Escribió la Declaración de Independencia. También tocaba el violín. Diseñó su propia casa. Envió a gente a explorar el Oeste.

Así se hace

- **Escoge a un Presidente. Busca algunos datos y una fotografía de él.**

- **Dibuja la cara del Presidente en uno de los lados de un plato de papel. Incluye todos los rasgos que puedas de su cara.**

- **Escribe los datos en una hoja de papel. Pega la hoja a la parte de atrás del plato.**

- **Usa el plato de papel como máscara. Lee en voz alta las oraciones que has escrito.**

Una visita a la capital

Éste es un mapa de Washington, D.C. ¡Mira todas las cosas interesantes que se pueden hacer en la capital de nuestro país!

Imagina que vas a pasar un día allí. Trabajen en grupos pequeños, para hacer un plan de viaje.

Hora Lugar

10:00am Visitar la Casa Blanca. (¡Tratar de conocer al presidente!)

11:30 a.m. Ir al Monumento de Washington.

12:30 p.m. Almorzar en el centro comercial.

1:00 p.m. Visitar el Monumento de los Caídos en Vietnam

3:30 p.m. Visitar el Museo Nacional de Aeronáutica.

Así se hace

- **Miren el mapa para decidir qué lugares les gustaría visitar.**

- **Decidan en qué orden visitarán cada uno de los lugares que escogieron.**

- **Escojan un lugar y averigüen más sobre él. Traten de encontrar una ilustración. Expliquen a la clase que aprendieron.**

¿Puede cambiar algo una persona?

Rosa Parks ayudó a que su comunidad, Montgomery, Alabama, fuera un lugar mejor para vivir.

Rosa Parks en 1955.

La historia de Rosa Parks

Hace muchos años, Montgomery tenía una ley que decía que las personas negras y las blancas no podían sentarse juntas en los autobuses de la ciudad. Un día, alguien le dijo a Rosa Parks que se fuera a la parte de atrás del autobús. Ella se negó. La ley le parecía injusta. La señora Parks fue arrestada por no obedecer la ley.